EMG3-0183
合唱楽譜＜スタンダード＞
STANDARD CHORUS PIECE

合唱で歌いたい！スタンダードコーラスピース

混声3部合唱

夢の世界を

作詞：芙龍明子　作曲：橋本祥路

●●● 曲目解説 ●●●

　学校の授業や音楽会などの全体合唱でよく歌われるこの曲。短く易しい楽曲で、いつでもどんな場面でもさらっと歌える合唱曲です。爽やかなメロディーと軽やかなリズム、飾らない歌詞が、素直で清々しい気持ちにしてくれます。前奏と間奏の優しい旋律を感じて、美しいハーモニーで歌いましょう。

【この楽譜は、旧商品『夢の世界を（混声3部合唱）』（品番：EME-C3075）と内容に変更はありません。】

夢の世界を

作詞：芙龍明子　作曲：橋本祥路

MEMO

夢の世界を

作詞：芙龍明子

微笑(ほほえ)み交わして　語り合い
落ち葉を踏んで　歩いたね
並木の銀杏(いちょう)を　あざやかに
いつかも夕日が　映し出したね
さあ　でかけよう
思い出のあふれる　道を駆け抜け
さあ　語り合おう
素晴(すば)らしいぼくらの　夢の世界を

小鳥のさえずり　聞きながら
はるかな夕日を　眺めたね
小川の流れも　すみわたり
いつかもぼくらを　映し出したね
さあ　でかけよう
思い出のあふれる　道を駆け抜け
さあ　語り合おう
素晴(すば)らしいぼくらの　夢の世界を

エレヴァートミュージックエンターテイメントはウィンズスコアが
展開する「合唱楽譜・器楽系楽譜」を中心とした専門レーベルです。

ご注文について

エレヴァートミュージックエンターテイメントの商品は全国の楽器店、ならびに書店にてお求めになれますが、店頭でのご購入が困難な場合、当社PC＆モバイルサイト・電話からのご注文で、直接ご購入が可能です。

◎当社PCサイトでのご注文方法
http://elevato-music.com
上記のアドレスへアクセスし、WEBショップにてご注文ください。

◎お電話でのご注文方法
TEL.0120-713-771
営業時間内に電話いただければ、電話にてご注文を承ります。

◎モバイルサイトでのご注文方法
右のQRコードを読み取ってアクセスいただくか、
URLを直接ご入力ください。

※この出版物の全部または一部を権利者に無断で複製（コピー）することは、著作権の侵害にあたり、著作権法により罰せられます。

※造本には十分注意しておりますが、万一、落丁・乱丁などの不良品がありましたらお取り替えいたします。また、ご意見・ご感想もホームページより受け付けておりますので、お気軽にお問い合わせください。